FIGARO,

DIRECTEUR DE MARIONNETTES;

COMÉDIE EN UN ACTE ET EN PROSE,

Mêlée de Vaudevilles et d'Ariettes.

Par M. E. D.

Représentée, pour la premiere fois, au Palais Royal, le 31 Décembre 1784, par les Petits Comédiens de S. A. S. Monseigneur le Comte DE BEAUJOLOIS.

Prix, 1 liv. 4 sous.

A PARIS;

Chez HARDOUIN, Libraire, au Palais Royal.

Et chez les Marchands de Nouveautés.

M. DCC. LXXXV.

PERSONNAGES.

FIGARO, Directeur de Marionnettes.

L'ENFUMÉ, jeune Physicien.

FLUIDAS, Médecin magnétisant.

SUSANNE, Femme de Figaro, & Belle-Mere de Friquette.

FRIQUETTE, Fille de Figaro.

La Scene se passe à Paris, dans un Hôtel garni.

FIGARO,
DIRECTEUR DE MARIONNETTES.

SCENE PREMIERE.

FIGARO, *fredonnant la fin de l'air*, tout finit par des Chansons.

A LA fin je la tiens, cette permission de monter mon petit Spectacle ! Ma foi, ce n'est pas sans peine ; & si une jolie femme ne se fût pas intéressée à l'obtenir, je crois que je ne l'aurais pas encore : eh ! ma femme ! Susanne ?.... Susanne ? Ah ! elle boude encore, je gage ; toujours gronder ; quel diable de plaisir ! Si ça rendait au moins quelque chose ; mais au contraire. Susanne ? Quelle tête ! quelle tête ! bâh !.... comme celle de toutes les autres : mais aussi quelle idée de préférer que je fasse plutôt des chansons pour les marchands d'ariettes, que de me laisser établir mon Théâtre de Comédiens de bois!... Jarni!... est-ce que je voudrois me fâcher aussi? Gardons-nous-en bien! De la belle humeur, morbleu! voilà ce qui console.

Air : Vive le vin.

> Eh! nargue du quand dira-t-on?
> Lorsqu'on a femme du bon ton,
> Et fillette jeune & gentille;
> Dans Paris où l'argent fourmille,
> Ces meubles font toujours honneur:
> Beaucoup d'audace & point d'humeur,
> Tout le reste n'est que vétille.

Cependant, au fond, Susanne n'a pas tant de tort; & j'ai furieusement démenti mon proverbe : tant va la cruche à l'eau.... car la mienne s'est brisée jusqu'à l'anse.... Quand moi-même je réfléchis à ce que j'ai été... commencer avec rien, devenir bien riche... des bienfaits de mes maîtres, & retomber ensuite... Paix, chut, Figaro!... point de longs monologues, mon ami!... ressouviens-toi d'en avoir fait un qui valoit bien un acte entier en longueur, & n'apprenoit rien de nouveau..... Allons, allons, point de sérieuses réflexions. Ne quittons jamais notre franche gaîté, cette philosophie, du peuple si l'on veut, mais la plus aimable.

Comédie.

AIR : *Auſſi-tôt que la lumiere.*

Quand on ſaura dans le monde
Ce que je fus autrefois,
Et que je finis ma ronde
Par des Hiſtrions de bois :
L'on dira, dans ſa miſere,
Figaro n'a rien tenté,
Qui pût jamais ſur la terre
Porter coup à ſa gaîté.

MINEUR.

Si quelqu'homme d'importance
Me demandoit les pourquois,
Ayant connu l'opulence,
Je ſuis réduit aux abois :
(Parbleu ! je lui dirois... Monſieur,)
En voulant être des vôtres,
Mon eſprit s'eſt abuſé ;
J'ai tant fait la barbe aux autres,
Qu'à mon tour je ſuis raſé.

MAJEUR.

Dans le parti que j'embraſſe,
Il s'eſt vu peu de héros ;
Mais on l'eſt dès qu'on terraſſe
Ses plus obſtinés rivaux :
Et s'il faut que je ſuccombe
Sous les éclats d'un haro ,
Mes amis, deſſus ma tombe,
Mettront : Ci gît Figaro.

(*D'un ton tragi-Comique.*)
Après tous ces élans , dignes d'une belle ame,
Il eſt tems, je le crois, d'aller trouver ma femme.
Mais, la voici.

A ij

SCENE II.
SUSANNE, FIGARO.

FIGARO.

EH bien ! es-tu toujours fâchée ?

SUSANNE.

J'en aurais grand sujet.

FIGARO.

Encore ?

SUSANNE.

Sûrement. Ne devrais-tu pas rougir de honte, après tout ce qui t'est arrivé en Espagne, à la suite de tes belles productions, de vouloir encore paraître sur la scene en France ?

FIGARO.

Je n'y paraîtrai pas.

SUSANNE.

Non ; mais tu feras dire des sottises du tiers & du quart par tes Acteurs : tandis que si tu faisais comme tu m'avais promis en route, tu suivrais une fois en ta vie mes conseils ; puisque tu as la rage d'écrire, eh bien ! fais des vers, des chansons ; tu en trouveras assez le débit ; & ta fille & moi, nous travaillerons

& gagnerons tranquillement notre vie à Paris : mais non ; il faut à Monsieur du spectacle.

FIGARO.

Eh ! sans doute, ma femme, sans doute. Je vois bien que tu ne connais pas encore ce pays-ci : homme ou femme qui ne s'y donne pas en spectacle, y est zéro, mon enfant. Je me vois avec la permission de me faire connaître, & j'en veux profiter.... Toi-même, après, tu m'en feras compliment : ignores-tu donc que, dans cette grande ville, on ne veut que rire, & voilà tout ?

SUSANNE.

Mais, toi, dans ta manière de faire rire, tu attaques tout le monde.

FIGARO.

Tant mieux. Lorsque chacun a son sac, personne n'a rien à se reprocher : crois-moi, ce n'est pas ici comme en Espagne ; de la saillie, de l'épigramme ! tout Paris en rafolle ; & puis, n'entends-tu pas à chaque instant le refrain à la mode ?.. (*Il chante.*) Tout finit par des chansons.

SUSANNE.

AIR : *Du Vaudeville de Figaro.*

Mais à force de médire,
L'on révolte les esprits ;
Tel qui n'aime pas à rire,
Se venge de vos écrits :

Et pour fruit d'une satyre,
N'a-t-on pas vu mille fois,
L'Auteur s'en ronger les doigts ? *bis.*

FIGARO.

Tout cela est fort bien, ma chere amie ; mais tu crieras, tu tempêteras : tout cela me sera fort égal, & je n'en démordrai pas.

SUSANNE.

Mais, n'es-tu pas fou ? Comment ! tu veux monter un Théâtre de Marionnettes dans une ville où les plus grands talens sont rassemblés, & fixer l'attention publique sur des brimborions de bois ?

FIGARO.

Pourquoi pas ? Tout dans le monde a son mérite ; & parmi les grands talens dont tu parles, il s'y rencontre de bien tristes ombres : eh bien! c'est sur elles que je prétends m'égayer.

AIR : *La Patrame.*

Quand j'entends raisonner des cruches,
Tu ne voudrais pas que des bûches,
A leur façon,
Se pussent donner en spectacle ?
Moi, j'entreprendrai ce miracle.

SUSANNE.

Chanson, chanson.

FIGARO.

Chanson ! tu verras ?

Comédie.

SUSANNE.

Tu verras toi-même ce que l'on dira de tes écrits quand ils seront imprimés.

FIGARO.

Imprimés! est-ce que tu badines donc? Autrefois c'était la coutume que le public jugeait un drame la piece en main: alors il y voyait clair; mais à présent point du tout, & pour la plupart des ouvrages qui paroissent.

AIR: *On compterait les diamans.*

C'est sur le jeu des bons Acteurs
Que se fonde leur réussite,
Et du concours des spectateurs
Date aujourd'hui tout leur mérite:
Pour conserver l'illusion
D'une piece trop imparfaite,
L'on en tarde l'impression,
Crainte de nuire à sa recette. *bis.*

SUSANNE.

Mais à la fin on les lira tes pieces, & tu entendras, tu entendras ce que les critiques & les journaux en diront!

FIGARO.

Dans ces cas là, tu ne sais pas ce que l'on fait? On use de rubrique, & une grande partie du public est encore empaumée.

SUSANNE.

Et comment cela ?

FIGARO.

Le voici. Si c'est une mauvaise Tragédie que l'on fait imprimer, une grande préface en tête y rappellera tous les lieux communs sur l'art de la déclamation ; & si c'est une Comédie où l'on n'a cherché qu'à faire rire, même aux dépens de toutes les bienséances, on la fera précéder d'un avant-propos, dans lequel on étalera avec emphase tous les principes de la décence théatrale... Pour la plupart des hommes il ne faut que des mots ; & comme beaucoup d'autres n'ont que des yeux, on les amusera ceux-là avec de jolies estampes à la tête de chaque acte de la piece. Voilà le fin du fin.

SUSANNE.

Et tu crois que le public donnera là dedans ?

FIGARO.

Parbleu ! s'il y donnera : oh ! je t'en réponds.

SUSANNE.

Et dans ton spectacle, ne te faudra-t-il pas quelqu'un pour t'aider ? Hein !.. & si tu ne réussis pas, qui est-ce qui payera ?

FIGARO.

Tu vas peut-être t'imaginer que je vais faire de ces longs imbrolios qui durent six heures, & emploient vingt Acteurs ? Pas si dupe, ma foi! Les petites anecdotes du jour, voilà ce que je veux traiter, & ne pas avoir plus de cinq personnages sur ma petite scene.

SUSANNE.

Sur qui Monsieur compte-t-il pour les faire aller ses Marionnettes ?

FIGARO.

Sur toi, ma petite fille Friquette & moi, avec deux hommes pris au hasard : voilà toute ma troupe.

SUSANNE.

D'abord sur moi n'y compte pas ; & ta fille... ta fille !

FIGARO.

Crie donc encore plus fort : ta fille... ta fille... comme si l'on ne savait pas... eh bien! oui, ma fille.

SUSANNE.

Monsieur croit que nous nous entendrons à toutes les folies comme lui ; ça sera bien aisé à des femmes, n'est-ce pas, de faire mouvoir tes Mirmidons?

FIGARO.

Appaise-toi donc, ma petite femme ! Rien dans le monde n'est plus facile que de conduire des Marionnettes. La gaucherie de leur mouvement même est une partie de leur mérite ; & comme tu joues fort agréablement la Comédie, en quatre leçons je suis sûr que tu seras aussi savante que moi pour les diriger.

SUSANNE.

Tiens, tiens, la voici ta fille. Annonce-lui ton beau projet.

FIGARO.

Sans contredit.

SCENE III.

SUSANNE, FIGARO, FRIQUETTE.

FIGARO.

Approche, approche, ma petite Friquette. Eh bien ! comment te portes-tu à présent ?

FRIQUETTE.

Toujours de mieux en mieux, mon papa. Depuis que je vais au Baquet avec M. Fluidas, le Médecin qui loge dans notre hôtel, je me sens revenir de jour en jour.

FIGARO.

Tant mieux, ma chere enfant, tant mieux. Dépêche-toi vite de te guérir ; car j'ai grand besoin de tirer parti de tes jolis talens.

Friquette.

Ah! mon papa, vous pouvez faire de moi tout ce que vous voudrez.

Air: *Des simples jeux, &c.*

J'avais le teint pâle & livide
Lorsque nous vînmes à Paris;
Mais quand le Docteur fut mon guide,
Il ranima tous mes esprits:
Et même à la première crise,
Que j'éprouvai près du Baquet,
Je ne sais pas si c'est méprise,
Mais tout bas mon cœur palpitoit.

De ces mouvemens étonnée,
J'en voulus savoir le pourquoi;
Mais j'appris à chaque journée,
Que c'était la commune loi;
Et que l'effet du Magnétisme,
Consistant dans la pâmoison;
Si l'on n'y veut causer un schisme,
Il faut se mettre à l'unisson.

Susanne.

Eh bien! Monsieur l'entêté, vous ne vouliez pourtant pas que votre fille fût magnétisée: tout cela, ma femme, n'est que du charlatanisme, disiez-vous! Qu'as-tu à répondre à présent que la voilà presque guérie... Hein?

Figaro.

Hum, hum, il y a bien des choses à dire à tout

cela. D'abord, c'est que je ne change pas de sentiment, & que si les Charlatans ne soulageoient pas quelqu'un par-ci, par-là, parbleu! ils n'auroient pas de pratiques : ça n'est pas malin. Çà, au surplus, ma fille va bien, je n'en demande pas davantage.

FRIQUETTE.

Ah! mon papa, si vous saviez combien il y vient de monde aux Baquets, & de tous les états; de belles Dames, des Abbés, des Militaires.

FIGARO.

Et tout le beau monde éprouve des crises?

FRIQUETTE.

Pour la plupart. Il y a entr'autres un Monsieur qui, dès qu'il est dans le sallon des coussins, se met les mains derriere le dos, danse sur la tête, les pieds en l'air, & fait des sauts plus forts que ceux du Petit-Diable qui est au Boulevard.

FIGARO.

Ça doit être curieux, par exemple : je te crois, ma Friquette, tu me dis que tu as vu, & un j'ai vu à présent coupe la parole; mais, laissons cela : dis moi, ne seras-tu pas bien aise, toi qui as une jolie petite voix, de chanter & de m'aider dans le petit spectacle que je vais monter?

Comédie.

FRIQUETTE.

Oh! mon papa, je ferai tout ce qu'il vous plaira; mais j'aimerais bien mieux entrer à un grand Théâtre.

SUSANNE.

Encore passe au moins.

FRIQUETTE.

Et puis, je trouve bien difficile de conduire des bamboches & de parler en même tems.

FIGARO.

Ma petite, ce n'est rien que cela. Tout consiste à tenir la figure de la main droite & de la gauche, suivant ce qu'on a à dire; l'on tire.... ou on lâche le cordon qui sert à exprimer le geste.

SUSANNE, *ricannant.*

Bon! Monsieur croit que tout le monde attrapera cela comme lui.

FIGARO.

Sans doute. On n'a qu'à m'imiter.

SUSANNE.

J'étouffe de colere. Et moi, je te dis que tu n'as pas le sens commun; toute la vie tu as fait des sottises, & toute la vie tu en feras... Je sors; car si je restais plus long-tems, rien ne me retiendrait de t'accabler de toutes les injures que tu mérites. Adieu. Ne compte pas sur moi! vas, si je mets jamais la main à tes chiennes de bamboches, ce sera pour leur faire jouer dans le feu le rôle qui leur convient.

(Elle sort.)

SCENE IV.
FIGARO, FRIQUETTE.

FIGARO.

Il faut la laisser dire... Je me charge de lui faire entendre raison. Pour toi, ma petite Friquette, tu es douce, gentille; tu fais tout ce qu'on veut.

FRIQUETTE.

Oh! pas toujours. Par exemple, M. Fluidas, parce qu'il m'accompagne pour aller au Baquet, en chemin il me dit de jolies choses, & puis il voudrait que je l'aimasse : moi, je lui réponds que cela ne se peut pas.

FIGARO.

Eh! la raison ?

FRIQUETTE.

Eh mais!... c'est que... c'est que j'en aimerais mieux un autre.

FIGARO.

Diantre! déja? Et qui donc?

Comédie.

FRIQUETTE.
Je n'ose pas vous lé dire.

FIGARO.
Dis toujours?

FRIQUETTE.
Eh bien!... c'est M. l'Enfumé, le jeune homme que vous appellez apprenti Physicien, qui demeure au-dessus de ma chambre.

FIGARO.
Le diable emporte si je m'en serais douté! Comment! à ton âge tu aimes déja les savans de cette espece, & qui plus est garçon? C'est tu feras ton chemin.

FRIQUETTE.
Toutes les fois que nous nous rencontrons, nous causons ensemble. Oh! il est bien gentil; il m'a promis, comme il va bientôt faire partir un ballon, que si la souscription lui rapportait beaucoup, il me demanderait tout de suite en mariage à mon papa.

FIGARO.
Ah! c'est un homme à souscription! peste! il doit avoir son mérite.

FRIQUETTE.
Oui; mais c'est un méchant. Depuis quatre jours je ne l'ai pas vu: il se leve de grand matin & décampe, & on ne le revoit plus de toute la journée.

FIGARO.

A propos, on m'a dit qu'il en partait un aujourd'hui, de ballon; c'est peut-être le sien... ainsi tu reverras bientôt ton petit l'Enfumé.

FRIQUETTE.

Aujourd'hui! aujourd'hui? Ah! mon papa, menez-moi le voir, je vous en prie.

FIGARO.

Cela ne se peut pas. Moi, j'ai mon spectacle dans la tête; mais je vais faire ma paix avec Susanne, & l'engager à y aller avec toi. Hein?

FRIQUETTE.

Que je vous aurai d'obligations!... Vous ne savez pas aussi, mon papa, il fait des vers, M. l'Enfumé, & il m'a donné une ariette que j'ai chantée trois fois à l'assemblée magnétique: c'était des applaudissemens à ne pas finir; & je les partageais avec une Dame qui, au sortir de ses convulsions, m'accompagnait avec sa harpe. Mon papa, voulez-vous l'entendre?

FIGARO.

Parbleu! ma petite, je ne demande pas mieux.

FRIQUETTE.

AIR nouveau, *par M. FROMENT.*

L'Amour voyant dans son empire
La raison usurper ses droits,
Eut recours au nouveau délire
Qui range les cœurs sous ses loix.

Charmante

Charmante découverte !
Ah ! sans toi la beauté,
Dans ce siecle vanté,
Serait en pure perte :
Au feu divin que tu répands,
En éloignant l'indifférence,
Joins-y la flatteuse espérance
De ramener les inconstans.
Amour ! pour garder ton empire,
A la raison mets ton bandeau ;
Il suffit, dans notre délire,
D'être éclairé de ton flambeau.

Figaro.

Bravo ! ma petite Friquette, bravo ! Vas, avec ces dispositions-là, je suis bien sûr de faire un jour quelque chose de toi. J... j'entends venir quelqu'un : tiens, tiens, c'est ton amoureux, M. l'Enfumé. Je te laisses avec lui, & vais faire ma paix avec Susanne. Sans adieu. (*En sortant.*) Voilà ce qu'on appelle un petit trésor, ou du moins de quoi en amasser un à se pavaner à son aspect !

(*Il sort.*)

SCENE V.

FRIQUETTE, seule.

LE bon papa que j'ai là! un autre se serait fâché: eh bien! lui, c'est tout le contraire; il souffre tout, pourvu qu'on lui souffre tout à son tour.

SCENE VI.

FRIQUETTE, L'ENFUMÉ.

FRIQUETTE.

JE m'en vais aussi gronder, moi. Ah! vous voilà, Monsieur? En vérité, vous êtes bien aimable.

L'ENFUMÉ.

Vous m'avez fait la grace dé mé trouver tel quelquéfois, Mademoiselle?

FRIQUETTE.

Je vous conseille de prendre ce ton, Monsieur.

L'ENFUMÉ.

Sandis! jé vous réponds d'après cé qué vous mé dites.

FRIQUETTE.

Vous allez voir que c'est moi qui ai tort. Monsieur

demeure fous le même toit que moi; Monfieur m'a juré mille fois qu'il m'aimait de tout fon cœur ; j'ai eu la faibleffe de le croire ; & pour me prouver le cas qu'il fait de mon amour, Monfieur refte quatre grandes journées fans fe montrer : ça n'eft-il pas vrai, Monfieur ?

L'ENFUMÉ.

Célà fé peut bien, Madémoifelle ; mais j'ai ma réputation à fouténir, & ma fortune à faire ; & il eft des cas où l'amour né faurait l'emporter fur ces deux fentimens. Jé vénais pourtant m'éfcufer, mais jé vois qué cé férait en vain... ainfi, jé mé rétire.

FRIQUETTE.

Il ne fallait pas tant vous avancer, Monfieur, & tourner la tête à une jeune innocente dont vous ferez toute la vie le malheur.

L'ENFUMÉ.

Cé n'eft pas ma faute, fi vous portez l'amour au-délà dé fes bornes.

FRIQUETTE.

AIR: *Je vis Life hier au foir.*

Tu m'ofes parler ainfi,
Et ton cœur me raille;
Toi, que le mien eût choifi
N'ayant fou ni maille :

B ij

Va, je vois à mes dépens,
Qu'au mépris de leurs fermens,
Les feux de tous les amans
Sont des feux de paille. *bis.*

L'ENFUMÉ.

Eh donc! vous né voyez pas qué jé plaifantais? Sandis! jé voulais faire uné pétite épreuve, & vous avez pris la chofe au grave... Raffurez-vous; croyez qué vous m'êtes toujours chére; j'en juré par l'air inflammablé qué jé refpire auprès dé vous.

AIR: *Avec les Jeux dans le Village.*

Quoiqu'occupé dé fon voyagé,
L'Enfumé né penfait qu'à vous;
Il vous en garde un témoignagé
Qui doit calmer votré courroux:
A moins qué ma tendré brunétté
Né veuille écouter la raifon;...
Qu'en voyant lé nom dé Friquétté,
En léttres d'or fur mon Ballon. *bis.*

FRIQUETTE.

Mon nom! mon nom! mon cher M. l'Enfumé?

L'ENFUMÉ.

Eh! oui, ma chere Friquétté.

FRIQUETTE.

Oh! je ne vous en veux plus: je vous pardonne tout, tout, tout. Quoi! mon nom ira dans les airs, en lettres d'or?

Comédie.

L'ENFUMÉ.

Oui, ma chére amié, nous sommés quatré qui partons, & tous quatré amoureux; & nous avons fait méttre aux quatré coins dé notré Ballon lés chiffrés & lés noms dé nos quatré maîtresses.

FRIQUETTE.

En lettres d'or? Ah! que je suis ravie!... cependant il manque une chose à mon bonheur.

L'ENFUMÉ.

Eh, sandis! quoi donc?

FRIQUETTE.

Ce serait de voyager avec vous dans les airs.

L'ENFUMÉ.

La chose n'est pas possible.

FRIQUETTE.

Ah! mon ami l'Enfumé, je t'en prie?

AIR *parodié des trois Fermiers.*

Je connus l'amour dans tes yeux,
Et je chéris mon esclavage;
Sous tes loix quand ce Dieu m'engage,
Je dois l'accompagner aux cieux.
Ah! dans un si charmant voyage, *bis.*
Qu'il est doux de lui rendre hommage! *bis.*

L'ENFUMÉ.

Je le voudrais aussi dé tout mon cœur; mais il n'y a place dans la galérie qué pour quatré.

FRIQUETTE.

Et quand partez-vous ?

L'ENFUMÉ.

Eh ! fandis, tout à l'heure. J'ai laiffé mes amis achéver tous les préparatifs ; & jé fuis vîte accouru pour fairé ma paix, & vous engager à vénir voir notré machine, qui s'élévéra le plus majeftueufément poffiblé.

FRIQUETTE.

Vous y ferez, fans doute, de belles expériences ?

L'ENFUMÉ.

Cadédis ! jé vous en réponds. Imaginez-vous qué chacun dé nous a des moyens dé direction tous différens : eh bien ! nous allons les employer tous à la fois.

FRIQUETTE.

C'eft le moyen de réuffir.

L'ENFUMÉ.

Dé plus, nous emportons dé longués lunéttés, à fin dé voir fi elles rapprochent davantagé dans les airs qué fur la terre.

AIR parodié de l'Ami de la Maifon.

Dans cé voyagé glorieux
Nous volerons jufqués aux cieux.
 Quelle alégreffe !
 Qué dé douceurs !

Comédie.

Jé vois la foulé qui s'empreſſe
A couronner les vainqueurs.
  Dans cé voyagé, &c.

Pardévant lé Notaire,
Jé juré fur l'honneur,
A mon rétour dé faire
Notré commun bonheur!
  Et les déſirs,
  Et les plaiſirs,
  Dans nos deux ames
  En traits de flammes
  Viendront s'unir.
  Dans cé voyagé, &c.

FRIQUETTE.

Oh! çà, que je ne vous retienne pas davantage; je vous ſuivrai tout à l'heure avec maman.

L'ENFUMÉ.

Sans adieu, ma charmanté Friquetté.

FRIQUETTE.

Bon voyage, mon cher l'Enfumé.

SCENE VII.

FRIQUETTE, *seule*.

Mon nom écrit en lettres d'or! ah! que c'est doux! c'eût été bien pis si j'avais pu être du voyage; je serais rentrée dans la ville au bruit des instrumens; l'on m'aurait couronnée, sans doute, c'est l'usage.... Mais, qu'y faire? Cela ne se peut pas.... Ah! ah! voici mon papa! Ah! il a fait aussi sa paix.

SCENE VIII.

SUSANNE, FIGARO, FRIQUETTE.

FRIQUETTE.

Eh bien! maman, partons-nous? Il n'y a pas de tems à perdre.

FIGARO.

Les pieds te brûlent, n'est-ce pas?

FRIQUETTE.

Oh! cela est vrai... je... Ah! si vous saviez ce qui m'est réservé; mais partons, partons. Ah! mon Dieu!... ô ciel! qu'a donc M. Fluidas? Voyez, voyez comme il est agité?

SCENE IX.

SUSANNE, FLUIDAS, FIGARO FRIQUETTE.

FIGARO.

Laisse-le venir... Ce n'est rien : c'est peut-être un reste de convulsion.

SUSANNE.

Qui vous tourmente donc si fort, mon cher M. Fluidas?

FLUIDAS.

Madame, vous voyez un homme au désespoir.

FIGARO.

Comment donc?

FLUIDAS.

Vous savez que j'ai donné ma quotte-part, comme les autres, pour le soulagement de l'humanité.

FIGARO.

Eh bien!

FLUIDAS.

Eh bien! Monsieur, nous jouissons du fruit de nos travaux; aux charmans accords d'une musique enchanteresse, il semblait que la nature se réveillait dans les cœurs de tous nos malades; les sallons des

crises devenaient des temples érigés au bonheur, &
moi, d'un œil de satisfaction:

Air: *Menuet d'Exaudet.*

J'admirais,
Je suivais
La méthode,
Qui conduit aux grands effets
Emanés des secrets
Du fluide à la mode:
Aux deux sons
Des clairons,
De la harpe,
La beauté sur des carreaux,
Faisait maints jolis sauts
De carpe.
Tout d'un coup la Médecine,
Vient d'une main assassine
Renverser,
Disperser
Notre école,
Disant qu'en l'art de tuer,
Nul n'a droit de jouer
Son rôle.
Nos Seigneurs
A vapeurs
La maudissent;
Nos belles font grand fracas
Et de leurs longs hélas
Les voûtes retentissent.
Des malins
Trop enclins

A médire,
Chanteront tout ce train-là ;
Et Paris ne sera
Qu'en rire.

Eh bien ! qu'en dites-vous ?

SUSANNE.

Oh ! c'est épouvantable.

FLUIDAS.

Chien d'examen critique ! d'autant plus critique, que cela va me mettre... en un état critique.

SUSANNE.

Est-il possible ? Le plus beau de tous les secrets, l'appeller charlatanisme.

FIGARO.

Ah ! ah ! crois-moi, ma femme, marchands d'oignons se connaissent en ciboules.

SUSANNE.

Miracle !

FLUIDAS.

Quoi donc ?

SUSANNE.

Mon mari vient de citer un proverbe sans l'estropier.

FIGARO.

Il me semble que le Magnétisme ne l'affecte pas beaucoup.

FLUIDAS.

Quant à moi, il me terrasse.

FRIQUETTE.

Mais, moi, mon papa, ne suis-je pas un exemple que les Médecins ne savent ce qu'ils disent?

FIGARO.

Hé! ma Friquette, la nature, à ton âge, est le meilleur Médecin.

FRIQUETTE.

Oh! la nature... la nature... mais, maman, si nous ne nous dépêchons pas, le Ballon partira sans nous : allons donc vîte.

FIGARO.

Tiens, tiens, le voilà ton ami l'Enfumé; il t'en dira des nouvelles.

FRIQUETTE.

Eh! grand Dieu, comme le voilà fait!

SCENE X & derniere.

Les Précédens, L'ENFUMÉ.

FRIQUETTE.

EH! que vous est-il donc arrivé, mon cher M. l'Enfumé?

L'ENFUMÉ, *en chemise.*

Jé n'en puis plus.... jé mé meurs..... où mé cacher?... jé succombe à l'excès dé ma douleur.

FRIQUETTE.

Calmez-vous, parlez-nous..... dites-nous..... contez-nous?...

L'ENFUMÉ.

Un moment, Mademoiselle?... laissez-moi réprendre més esprits.... Tout en vous quittant, ma chere Friquette, jé volé au rendez-vous dé l'espérience.

AIR : *Monseignéur d'Orléans.*

J'arrivais essoufflé,
Quand lé Ballon gonflé
Nous promettait
Lé plus brillant effet :
Moi, sans perdre un instant dé tems,
Jé vous saute aussi-tôt dédans;

Mes trois amis, à qui mieux mieux,
Se croyoient déja dans les cieux,
Quand, par un coup du sort conjuré,
Notre machine a chaviré.

AIR: *Quand vous entendrez le doux Zéphyr.*

La flâme prend à notre vaisseau ;
Mais nous étions trop loin dé la Seine
Pour espérer, qu'au moyen de l'eau,
Nous sortirions dé peine.

AIR: *De la Petite Poste de Paris.*

Quans lé Public, dans sa fureur,
S'en prend à nous, crie au voleur ;
Il met en piéces lé Ballon,
Lé réduit en échantillon ;
Et si nous né fussions partis,
Nous sérions tous quatre rôtis.

FRIQUETTE.

Et mon nom, qui devait voyager dans les airs,
en lettres d'or !

FIGARO.

Cela est vraiment malheureux ; mais du moins....
il vous reste l'argent ; & cela console.

L'ENFUMÉ.

Eh ! Monsieur, apprénez, pour comblé dé misére,
Un certain intrigant, un nommé Volontére,
Tournant à son profit lé malheur imprévu,
Emporté la récetté, on né l'a pas révu.

Comédie.

FIGARO.

Vous l'aviez donc chargé de la faire?

L'ENFUMÉ.

Malheureusement!

FIGARO.

Diable! voilà une journée qui n'est pas flatteuse pour les savans.

FRIQUETTE.

AIR : *Je l'ai planté.*

Adieu, Ballons; adieu charmant fluide;
Qui partagiez tous mes instans;
Quand vos prôneurs travaillaient dans le vuide;
Ils n'en flattaient pas moins le sens. *bis.*

Divins Baquets, ah! contre vous s'épuise
La haine de la Faculté :
Faut-il, hélas! que l'ingrate détruise
Les rendez-vous de la beauté?

FIGARO.

Comment! vous voilà tous consternés, pour des événemens auxquels vous auriez dû vous attendre?

FLUIDAS.

Oh! moi, c'est mon argent que je regrette le plus.

L'ENFUMÉ.

Et moi, la gloire que j'aurais acquise si j'avais réussi.

FIGARO.

Ecoutez: Vous êtes tous les deux vis-à-vis de rien; le fort, dans ses bizarreries, se plaît quelquefois à arranger les choses très-plaisamment. (J'en ai pour mon compte différentes preuves.) Dans ce moment-ci, je suis prêt à monter un petit Théatre de Marionnetes!... & comme il me faut des aides, associez-vous avec moi, nous partagerons le profit.

FLUIDAS.

Qui, moi? un Médecin!

FIGARO.

De quelle Faculté?

FLUIDAS.

D'aucune.

FIGARO.

Comment.

FLUIDAS.

Je dis vrai. Autrefois j'étais à la suite d'un Médecin: le hasard m'ayant procuré la recette d'une tisane apéritive, je l'employai pour mes amis avec succès: ma foi! l'idée me vint d'en faire mon profit; & à l'aide d'une perruque & d'un ton doctoral, je me suis donné dans Paris pour Médecin: cela ne rendait pas mal; je comptais sur le nouveau fluide pour aller plus en avant; & le damné d'examen critique me réduit à l'hôpital !

FIGARO.

FIGARO.

Quoi! vous n'êtes qu'un Médecin postiche, & vous refuseriez d'être des nôtres? Vous vous moquez de moi! Allez, allez-vous-en quitter votre réputation avec votre perruque, & venez nous retrouver. Parbleu! que risquez-vous? tout au plus d'être appellé le Médecin des Marionnetes.

FLUIDAS.

Ma foi! je crois que vous avez raison.

FIGARO.

Pour l'ami l'Enfumé, je suis bien sûr qu'il y consentira.

L'ENFUMÉ.

Jé sens qu'il faut bien faire fléché dé quélqué bois.... mais sur-tout qu'on né lé saché pas dans le pays, au moins.

FIGARO.

Quand on le saurait, qu'avez-vous à craindre, peste de Gascon? il me fait rire avec ses scrupules. Vous ne savez donc pas que moi, je prétends me faire un nom avec mes Marionnettes. Vous avez échoué; à la bonne heure: mais d'après ce que je vois tous les jours dans ce pays-ci, avec de l'effronterie & des prôneurs l'on ne saurait manquer son coup. C'est bien autre chose lorsque la fortune se met de la partie pour vous favoriser; alors on fait

C

un fracas d'enfer.... Et tenez, j'ai si bonne opinion de moi, que je ne serais point du tout étonné de me voir en vogue comme les Ramponeau, les Pantins, les Malborouck, & tant d'autres. Quelle joie! quelle satisfaction, par exemple, de créer une nouvelle mode, & de voir tous ses aimables des deux sexes prendre plaisir à se parer des bijoux qui portent votre nom!... Ce serait ma folie à moi; & je ne désespere pas d'y parvenir. Mes amis... je connais bien les hommes; la moindre originalité les séduit, & la barque la plus légere, sur la mer orageuse du monde, devient souvent un gros vaisseau entre les mains d'un bon conducteur.

VAUDEVILLE.

Air nouveau, *par M. Froment.*

FIGARO.

L'homme est une Marionnette
Qui se meut par différens fils;
Sont-ils délicats & subtils,
La machine en est plus drôlette:
Mais qu'elle soit du bon faiseur,
Ou bien à peine dégrossie,
Elle obéit toute la vie
A l'intérêt, son conducteur. *bis.*

FRIQUETTE.

Tant que le Dieu de la tendresse
Se cache aux yeux de la beauté,
Une heureuse uniformité
Soutient les fils de sa jeunesse:

Mais celui qui va droit au cœur,
Reçoit la plus faible atteinte ;
Le desir succede à la crainte,
Et l'Amour devient conducteur.   *bis.*

FLUIDAS.

Pour tout avoir, pour tout détruire,
Plutus a prodigué ses dons ;
Il nous fait comme les saisons,
Tantôt pleurer & tantôt rire :
Et tel qui fait le grand Seigneur,
En étalant bonne cuisine,
Comme moi ferait triste mine,
Si l'or n'était son conducteur.   *bis.*

SUSANNE.

En trop blâmant notre inconstance,
Les hommes n'ont-ils pas grand tort ?
Nous nous tenons avec effort
Au fil de la persévérance :
Mais ils ont tous l'art enchanteur
De le détourner à leur guise ;
Et la raison est dans la crise,
Quand le plaisir est conducteur.   *bis.*

L'ENFUMÉ.

Dans les combats, dans la Physique,
Jé n'ai pas eu dé grands succès ;
Jé vais tenter d'autres essais,
Mé livrer à la méchanique :
Friquetté d'ailleurs a mon cœur,
Assurons-nous cetté conquêté...
Quoiqu'on s'expose aux maux dé tête,
Lorsqué l'hymen est conducteur.   *bis.*

FIGARO.

Mesdames, si ma bagatelle
Vous a causé quelque plaisir,
C'était mon unique desir,
Je ne crains plus qu'elle chancelle :
Car le goût de tout amateur,
D'après le vôtre se décide ;
Et quand la beauté sert de guide,
L'on suit en tout son conducteur. *bis.*

CHŒUR.

Oui, le goût de tout amateur,
D'après le vôtre se décide ;
Et quand la beauté sert de guide,
On suit en tout son conducteur.

FIN.

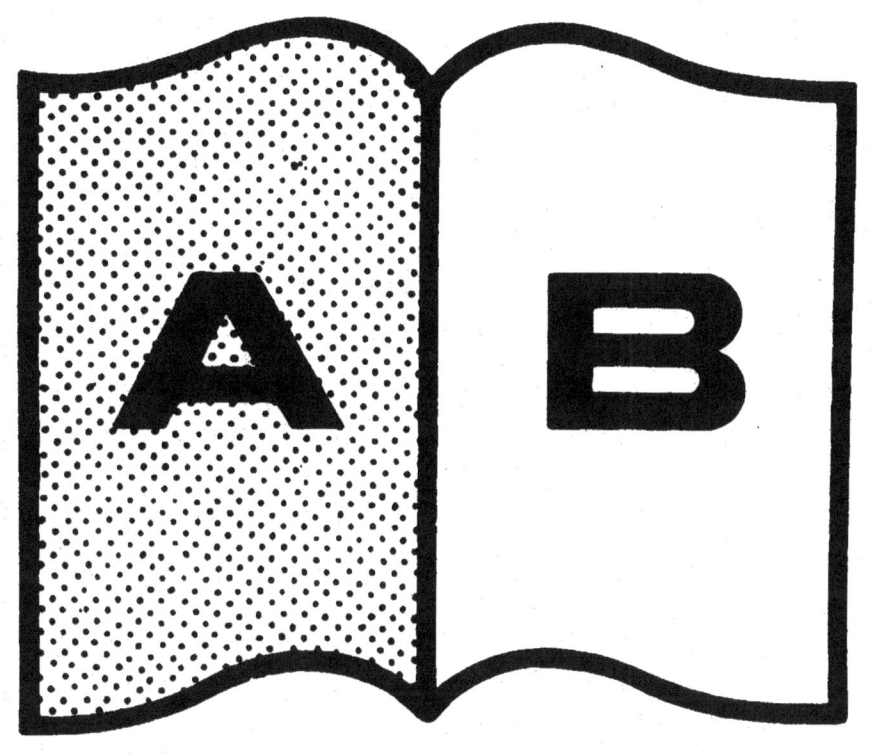

Contraste insuffisant

NF Z 43-120-14

www.ingramcontent.com/pod-product-compliance
Lightning Source LLC
Chambersburg PA
CBHW060511050426
42451CB00009B/919